BEI GRIN MACHT SICH IHR WISSEN BEZAHLT

- Wir veröffentlichen Ihre Hausarbeit, Bachelor- und Masterarbeit

- Ihr eigenes eBook und Buch - weltweit in allen wichtigen Shops

- Verdienen Sie an jedem Verkauf

Jetzt bei www.GRIN.com hochladen und kostenlos publizieren

Ist der Mensch frei? Freiheitsbegriff bei Thomas Hobbes

Bibliografische Information der Deutschen Nationalbibliothek:

Die Deutsche Nationalbibliothek verzeichnet diese Publikation in der Deutschen Nationalbibliografie; detaillierte bibliografische Daten sind im Internet über http://dnb.d-nb.de abrufbar.

ISBN: 9783389096406
Dieses Buch ist auch als E-Book erhältlich.

© GRIN Publishing GmbH
Trappentreustraße 1
80339 München

Alle Rechte vorbehalten

Druck und Bindung: Books on Demand GmbH, Norderstedt Germany
Gedruckt auf säurefreiem Papier aus verantwortungsvollen Quellen

Das vorliegende Werk wurde sorgfältig erarbeitet. Dennoch übernehmen Autoren und Verlag für die Richtigkeit von Angaben, Hinweisen, Links und Ratschlägen sowie eventuelle Druckfehler keine Haftung.

Das Buch bei GRIN: https://www.grin.com/document/1524323

Ist der Mensch frei?

Freiheitsbegriff bei Hobbes.

Inhaltsverzeichnis

Einleitung 1

Freiheitsbegriff bei Hobbes 2

Diskussion 5

Fazit 11

Literaturverzeichnis 12

1. Einleitung

Der in der Philosophie stark diskutierte und debattierte Determinismus besagt, dass alle Ereignisse vorherbestimmt sind, also eine kausale Kette von Ursache und Wirkung besteht. Diese Kausalität von Ereignissen schließt somit automatisch die Existenz einer Willensfreiheit aus, denn da wo Handlungen vorherbestimmt sind, können sie nicht durch Handlungsfreiheit ausgeführt worden sein. Daraus entsteht die Frage, bei wem die Verantwortung für Handlungen liegt, wenn diese vorherbestimmt sind. Aus theologischer Perspektive wird von einem allwissenden Gott ausgegangen, der alle Ereignisse kennt und somit als vorherbestimmt deklariert. Wie bei allen theologischen Debatten wirft stellt sich auch hier die Frage, wo die Verantwortung für Handlungen liegt, ferner für schlechte Handlungen. Was ist die Ursache des Bösen, wenn es nicht der Mensch selbst sein kann? Ein allmächtiger Gott kann und sollte es keineswegs sein. Also liegt die Verantwortung für Handlungen vielleicht doch beim Menschen und es kann eine Willensfreiheit existieren? Dieser Frage möchte ich mich in der folgenden Hausarbeit widmen und mich mit dem Freiheitsbegriff und sein Verhältnis zur deterministischen Lehre auseinandersetzen. Dabei werde ich mich auf Thomas Hobbes beziehen, auf dessen philosophischen Lehre ich meine These stützen und kritisch diskutieren werde: *Es besteht eine Freiheit beim Menschen.*

Thomas Hobbes überzeugt nicht nur in seiner Argumentation, sondern liefert auch einen Lösungsvorschlag, wie mit der Verantwortung für Handlungen, vor allem schlechte Handlungen umgegangen werden kann. Diesen werde ich im Folgenden schildern und weitere Argumentationen miteinbeziehen. Daraufhin werde ich einen Einwand gegen Hobbes' Argumentation erheben und darauffolgend versuchen, diesen zu widerlegen, um schließlich zu einem Fazit zu kommen, welches meine These bestätigt.

2. Hobbes

Thomas Hobbes lebte von 1588 bis 1679 und prägte seinerzeit die philosophische sowie politische Debatte nachwirkend.[1] Aufgrund seiner radikalen Denkweise erlitt er vielerlei Ablehnung und Ausstoßung, seine philosophischen Ansichten führten ihn zum Atheismus, wofür er stark kritisiert wurde. Andere Philosophen, die sich unter anderem mit dem Determinismus beschäftigten und Hobbes' Weg kreuzten waren Francis Bacon und René Descartes.

Hobbes Hauptwerk „Leviathan" (1651) stellt die Grundlage für philosophische Staatstheorien dar und postuliert die Theorie eines Gesellschaftsvertrags, welcher darin besteht, seine individuellen Rechte einem Souverän zu übertragen, der für die Gewährleistung von Frieden und Sicherheit sorgt.[2] Diese Maßnahme sei nötig, um aus dem von Hobbes formulierten Naturzustand herauszukommen. Dieser Naturzustand zeugt von einem anarchistischen Status. Menschen sind in ihren Handlungen nicht eingeschränkt und dadurch herrscht ein *Krieg aller gegen alle*.[3], da sich jedes Individuum gleichzeitig in Angriffsbereitschaft und einer gewissen Verletzlichkeit befindet. Freiheit ist nach Hobbes die *Abwesenheit alle äußerer Hindernisse*.[4] Im Naturzustand schreckt der Mensch vor nichts zurück, um sein Überleben zu sichern, da ihn keine Konsequenzen konfrontieren werden. Hobbes führt hier bereits an, dass der Mensch im Naturzustand, dessen Leben „einsam, kümmerlich und kurz" sei[5], nicht für seine Handlungen verantwortlich gemacht werden kann, solange er nicht von einer äußeren Macht daran gehindert werde.[6] Daraus folgt, dass der Mensch eine Willens- beziehungsweise Handlungsfreiheit besitzt. Der Gesellschaftsvertrag, der einen Souverän als Machtinstanz einsetzt ist ein Lösungsvorschlag, um aus dem Kriegszustand zu kommen und den Frieden zwischen allen Bürgern zu wahren. Der Mensch ist also demnach frei und soll in dieser Freiheit eingeschränkt werden, um ein Zusammenleben zu ermöglichen. Man unterwirft sich einer Autorität, gibt seine Freiheit ab und erhält im Gegenzug Sicherheit und die Wahrung des Friedens durch die Erschaffung von gewissen Gesetzen, die verbindlich sind. Die Zustimmung des Individuums, sich dem Souverän unterzuordnen ist demnach eine freie Entscheidung und wurzelt in dem Wunsch, ein angenehmes Leben zu führen.[7]

---

[1] Vgl. Wolfgang Kersting: Thomas Hobbes. Zur Einführung, S. 241 ff.
[2] Thomas Hobbes: Leviathan, S. 155.
[3] Ebd., S. 115.
[4] Ebd., S. 118.
[5] Ebd., S. 116.
[6] Ebd., S. 116.
[7] Ebd., S. 151.

Des Weiteren schreibt Hobbes die Willensfreiheit dem Wollenden zu und nicht dem Willen selbst.[8] Durch Abwägungen und Überlegungen sei es einem Individuum frei, die Entscheidung zu treffen, bestimmte Handlungen auszuführen. Zustände wie Furcht können dabei ein Faktor sein.

> „So sind auch die Handlungen der Bürger, die aus Furcht vor den Gesetzen geschehen, wenn sie ebensogut unterlassen werden konnten, sämtlich frei."[9]

Ferner bezieht sich Hobbes auf die kausale Kette, die in aufeinanderfolgenden Ursachen besteht. Die allererste Ursache sei dabei Gott, von dem alle Handlungen ausgehen. Und wenn all diese Handlungen von Gott ausgehen, dann sind sie auch notwendig.[10] Dass alle Handlungen, die aus einem freien Willen entstehen, auch aus einer Notwendigkeit heraus entstehen, ist für Hobbes eine relevante These. Dabei lässt es sich nicht vermeiden, über die Verantwortung für schlechte Handlungen zu sprechen. Alle Handlungen, somit auch die schlechten, müssen aus einer von Gott auferlegten Notwendigkeit entspringen.[11] Denn wenn dies nicht zuträfe, so würde Gott als allmächtiger, allwissender und freier Erschaffer in Frage gestellt werden.[12]

In der Abhandlung „Of Liberty and Necessity" (1645), in der sich Hobbes mit dem Bischof John Bramhall über Willensfreiheit kontrovers auseinandersetzte, verteidigt er gegenüber Bramhall die deterministische These, dass alle Handlungen aus vorhergehenden Ursachen folgen. Bramhall argumentiert strikt gegen Hobbes und spricht sich gegen die von ihm beschriebene Notwendigkeit der Handlungen aus, da er argumentiert, wenn alle Handlungen aus der Notwendigkeit von Gott entstehen und determiniert sind, dann ist der Glaube an Gott nicht mehr nötig, wodurch das Individuum seine religiösen Pflichten vernachlässigt.[13] Hobbes postuliert jedoch, dass die Allmächtigkeit von Gott nicht widerlegt werden kann, auch nicht, wenn es um die moralische Verantwortung geht. Für Bramhall liegt die moralische Verantwortung böser Taten beim Menschen selbst, das Individuum ist der Verursacher durch seine Freiheit, Entscheidungen zu treffen. Für Hobbes liegt die moralische Verantwortung nicht beim Individuum, jedoch auch nicht, wie man annehmen und Hobbes zum Vorwurf machen könnte, bei Gott, sondern in der Natur des Menschen.[14] Hier spiegelt sich der Mensch im

---

[8] Ebd., S. 188.
[9] Ebd. S. 188.
[10] Ebd., S. 189.
[11] Ebd., S. 189.
[12] Ebd., S. 189.
[13] Thomas Hobbes / John Bramhall: Hobbes's treatise of Liberty and Necessity, S. 21.
[14] Ebd., S. 25.

Naturzustand wider, der von Hobbes als egoistisch beschrieben wird. Die bösen Handlungen, die aus einem vermeintlich bösen Willen entstehen, sind nach Hobbes durch innere Triebe und äußere Faktoren bedingt[15], während Bramhall argumentiert, dass die Willensfreiheit nicht durch äußere Zustände entsteht, sondern eine Fähigkeit des Menschen ist. Nach Hobbes entspringen sie jedoch aus der Natur des Menschen, auch wenn ihre Handlungen der kausalen Kette entspringen. Hiermit wird die moralische Verantwortung weder der Freiheit des Menschen noch der Freiheit von Gott zugeschrieben. Gerade durch diese egoistischen und triebhaften Eigenschaften des Individuums muss ein eine Autorität herangezogen werden und ein starker Staat die Menschen lenken. Argumentativ lässt Bramhall sich leicht von Hobbes untergraben, da er nüchtern aufzeigt, dass Bramhall sich selbst widerspricht. Er behauptet, dass nur bei *spontanen* Handlungen eine Notwendigkeit bestehen kann, nicht aber bei *freiwilligen*, also selbst gewählten Handlungen.[16] Hobbes widerspricht jedoch, dass alle Handlungen aus einer Notwendigkeit entstehen, die spontanen und freiwilligen, da sie von inneren Umständen gebildet worden sind. Da Bramhall ihm in der Behauptung, dass gewisse Handlungen aus einer Notwendigkeit entstehen, dann zustimmt, widerspricht er sich selbst.[17]

Allgemein lässt Hobbes sich als Kompatibilist einordnen. Beim Kompatibilismus sind der Determinismus und die Freiheit miteinander vereinbar.[18] Durch seine Behauptung, dass der Wille beim Menschen nicht frei ist, jedoch die Umsetzung dessen, räumt er einen gewissen deterministischen Grundsatz ein, und verhandelt gleichzeitig die Existenz einer Handlungsfreiheit.

Zusammenfassend hebe ich hervor, dass es laut Hobbes beim Menschen eine Freiheit im Handeln gibt, die durch innere Umstände gesteuert wird. Diese Freiheit gilt es einzuschränken, da der Mensch im Naturzustand, also einem anarchistischen Zustand nicht fähig ist, sozial und gesellig zu sein. Gleichzeitig sind alle Handlungen determiniert und hervorbestimmt, die aus der ersten Ursache, die Gott ist, münden.

---

[15] Ebd., S. 33.
[16] Ebd., S. 18.
[17] Ebd., S. 19.
[18] Geert Keil: Willensfreiheit, S. 59.

3. Diskussion

Nach der Darstellung von Hobbes wichtigsten Standpunkten, stellt sich nun die Frage, inwiefern diese nachvollziehbar und logisch sind, um meine These „Es besteht eine Freiheit beim Menschen." zu erörtern.

Zunächst lässt sich ein Einwand in Bezug auf den Determinismus erheben. Der harte Determinismus verneint die Existenz einer Willensfreiheit aufgrund der kausalen Kette von Ursachen und ihren Folgen, die vorherbestimmt sind. In einer vordeterminierten Welt ist demnach jede Entscheidung schon getroffen und folgt notwendigerweise auf die nächste, somit kann nicht das Individuum selbst entscheiden, welche Ursachen seine folgenden Taten beeinflussen. Diese Annahme lässt keinen Raum für die Existenz der Willensfreiheit. Es liegt außerhalb der Kontrolle des Individuums, Entscheidungen zu treffen und Handlungen auszuführen. Hobbes räumt zwar ein, dass es keine Freiheit im Willen gibt, jedoch erzeugt er einen deterministischen Rahmen, der es möglich macht, von einer Handlungsfreiheit zu sprechen. Im deterministischen Kontext lässt Hobbes sich als Vertreter des Kompatibilismus einordnen. Beim Kompatibilismus sind die Idee der deterministischen Kausalität und der Freiheit miteinander vereinbar. Menschen sind laut Hobbes zwar nicht frei in dem, was sie wollen, jedoch haben sie eine freie Wahl in den Möglichkeiten ihrer Handlungen. Wenn wir beispielhaft meine Entscheidung in Betracht ziehen, diese Hausarbeit über das Thema *Freiheit bei Thomas Hobbes* zu schreiben, dann kann Hobbes Ansatz zutreffen. Laut der Kausalität wäre meine Entscheidung, dieses Thema zu wählen schon vorherbestimmt. Tatsächlich war das Thema schon vorgegeben und es stand mir frei, einen Autor zu wählen. Bevor ich mich dazu entschied, über Hobbes zu schreiben, zog ich erst Spinoza in Betracht. Doch durch mein Abwägen der daraus entstehenden Folgen aus den mir gegebenen Möglichkeiten, handelte ich frei und traf die Entscheidung, über Hobbes zu schreiben. Die möglichen Folgen, wäre meine Wahl auf Spinoza getroffen, hätten sein können, dass ich mich stark wiederhole, da ich bereits in einem früheren Semester über Spinoza eine Hausarbeit geschrieben habe. Zudem haben mich innere Umstände dazu getrieben, mich einem Autor zu widmen, mit dem ich mich noch nicht so häufig auseinandergesetzt habe. Trotzdem war die Entscheidung, Hobbes zu wählen fast zufällig, genauso gut hätte ich meine Aufmerksamkeit auch auf Kant richten können. Der Wille, der mich dazu trieb, über Hobbes zu schreiben, mag nicht in meiner Macht liegen, jedoch meine Handlung, genau diesem Willen zu folgen, obwohl mein Wille zuerst zu Spinoza gerichtet war. Des Weiteren trägt Hobbes dazu bei, über die Frage der Freiheit hinaus eine Lösung vorzuschlagen, dem Bösen entgegenzuwirken, ohne sich dabei in eine endlose Diskussion über die moralische Verantwortung für böse Handlungen zu verstricken. Ob es nun eine Freiheit beim Menschen gibt oder nicht, der Mensch hat eine Neigung dazu, schlechte Handlungen auszuführen, wenn er nicht dabei eingeschränkt wird. Hobbes Gesellschaftsvertrag löst dieses Problem.

Jedoch ist die Diskussion über die Existenz einer Willens- beziehungsweise Handlungsfreiheit nicht gelöst, indem man ihre Relevanz senkt und sich auf die Lösung fokussiert. Bramhall hat zumindest teilweise zurecht gewisse Ansätze von Hobbes kritisiert, dessen Menschenbild über die inneren Triebe und Neigungen, die zu schlechten Handlungen führen, ein sehr einseitiges und pessimistisches Bild vom Menschen zeichnen. Bramhall entgegnet, dass der Mensch und seine Intelligenz nicht zu unterschätzen sei und fordert Hobbes auf, dem Menschen mehr Macht zuzuschreiben. Gerade, weil der Mensch von einem allmächtigen Gott geschaffen wurde, muss er doch geradezu makellos sein und gleichzeitig der Verantwortliche für seine eigenen schlechten Taten. Ferner argumentiert Bramhall, dass der Determinismus den Glauben an Gott unnötig macht. Menschen müssten sich nicht mehr verpflichtet fühlen, tugendhaft zu leben und zu beten, wenn sie sich in der Sicherheit wiegen, dass alle Entscheidungen bereits getroffen sind. Im Umkehrschluss bestätigt sich damit Hobbes kompatibilistisches Argument. Der Determinismus, der gegen Hobbes Handlungsfreiheit spricht, wird hier auch von Bramhall in Frage gestellt und somit wird Hobbes mehr Recht eingeräumt. Bramhalls Vorwurf, dass Hobbes Menschenbild pessimistisch ist, kann zudem zurückgewiesen werden, da Bramhalls Annahme, der Mensch sei vollkommen fähig zu entscheiden, was er will und was er tut und somit verantwortlich für seine schlechten Taten gemacht werden kann, auch als pessimistisch wahrgenommen werden kann. Wenn ein Mensch aktive Entscheidungsmacht über sein Denken und Handeln hat, warum tut er dann schlechte Dinge? Warum beklauen und ermorden sich Menschen gegenseitig, wenn es nicht immer einen überzeugenden Grund gibt, wie zum Beispiel, sein eigenes Überleben zu sichern? Wenn also der Mensch nach Bramhall voll und ganz fähig ist, sich zu kontrollieren, dann ist er bewusst schlecht und untugendhaft. Dies würde doch automatisch zeigen, dass der Mensch nicht gottesfürchtig ist. Durch all diese Widersprüche bei Bramhall wird seine Kritik an Hobbes Argumentation wertlos. Der theologische Appell, dass Gottes Allmächtigkeit nicht angegriffen werden darf und er somit nicht in Frage kommt, der Verantwortliche des Bösen zu sein, ist in einer Diskussion nicht fair, denn irgendjemand oder irgendetwas muss für das Böse verantwortlich gemacht werden, und wenn es nicht Gott sein darf und auch nicht der Mensch sein soll, dann ist Hobbes Argument, dass es *in* der Natur des Menschen liegt wieder ein passender Lösungsansatz, die endlose Diskussion zu beenden.

Hobbes Staatstheorie gibt sich selbst den Anlass, in Frage gestellt zu werden, woraus folgen könnte, dass seine kompatibilistische Auffassung von Freiheit auch angreifbar wird. Die allgemeine Postulation, dass ein starker Staat nötig ist, um die Handlungsfreiheit des Menschen einzuschränken könnte dahingehend kritisiert werden, dass sie wie bereits Bramhall es versucht hat, zu erklären, ein pessimistisches Menschenbild darstellt. Hobbes hat zwar ausgiebig im Leviathan beschrieben, wie und warum ein Gesellschaftsvertrag zwischen den Menschen und einer Autorität nötig ist, jedoch wird damit nicht die kritische Hinterfragung nichtig gemacht, warum es unbedingt ein starker Staat sein muss, der die Ordnung in der Welt herstellt. Hobbes macht zwischenmenschliche Attribute wie Empathie und Hilfsbereitschaft abhängig von einer Staatsbildung. Jedoch vermögen viele der Ansicht anzugehören, dass Menschen auch im Naturzustand altruistische Eigenschaften und Handlungen besitzen und ausführen können. Empathie ist ein grundlegendes Attribut des Menschen und demnach wäre jeder empathische Mensch, in der Lage, danach zu handeln. Im Naturzustand, also im Krieg aller gegen alle kann es durchaus möglich sein, dass Menschen sich nicht nur innerhalb ihrer Angehörigen hilfsbereit zeigen, sondern auch mit anderen Gruppen verbünden und verhandeln können. Wenn also der Lösungsvorschlag eines Gesellschaftsvertrags nicht sinnvoll erscheint, könnte somit auch das deterministische Argument überwiegen, und die Handlungsfreiheit, die Hobbes verteidigt für nichtexistent erklären. Dagegen ist anzumerken, dass Hobbes Staatstheorie nicht dazu da ist, die Fähigkeit, empathisch und altruistisch zu sein, zu verneinen, sondern zu bestärken. Menschen, die sich ohnehin hilfsbereit verhalten, werden dies auch in einem gesicherten Staat tun, in dem es Gesetze gibt, an die sie sich halten müssen. Diese Gesetze können den Menschen auch dazu anstoßen, noch hilfsbereiter zu sein. Durch seine Fähigkeit im Rahmen der Gesetze zu handeln, kann er seinen Willen, in Frieden zu leben, durch seine Handlungsmacht ausüben. Die Errichtung eines Staates muss auch nicht per se als Strafe für die im Naturzustand bösen, unsozialen Menschen gelten, sondern scheint eher präventiv den Frieden und die Wahrung der Sicherheit zu gewährleisten. Was wäre außerdem die Alternative, um dem Bösen in der Welt entgegenzuwirken? Es ist zwar nicht auszuschließen, dass im Naturzustand vereinzelt geordneter und gesicherter Frieden herrschen kann, aber das Gegenteil davon auch nicht. Natürlich wäre es zweifelsohne eine paradiesische Vorstellung, in einer anarchistischen Welt zu leben, in der ich als Individuum mich nicht fürchten muss, dass mein Überleben durch andere Menschen gefährdet wird und mir alle durch reine Empathie verbündet sind, jedoch ist auf dieser Vorstellung einfach kein Verlass. Wir sind als Menschen zwar intelligent und empathisch, aber dies ist immer abhängig von äußeren Faktoren. Beispielsweise zeigt dies Ressourcenknappheit auf. Wenn nur noch begrenzt Wasser zur Verfügung steht, ziehe ich als

Individuum es sehr wahrscheinlich vor, erst meiner Familie zu helfen, bevor ich einem Fremden helfe. Damit wäre der Vorwurf, dass die Ordnung von einem starken Staat abhänge zurückzuweisen, denn auch ein die vermeintliche Ordnung in einem anarchistischen Zustand befindet sich in einer Abhängigkeit. Nehmen wir an, ich müsste mich entscheiden, einem kleinen Kind oder einem entfernten Verwandten mein letztes Wasser zu geben. Meinen Willen, dass ich eher meinem Verwandten helfen würde, aufgrund von Zugehörigkeit und Verpflichtung, kann ich nicht beeinflussen, aber meine Entscheidung, vielleicht doch dem Kind zu helfen, weil es hilflos ist und niemanden hat, liegt in meiner Macht. Demnach ist Hobbes Ansatz der vorhandenen Handlungsfreiheit sinnvoll und würde auch im Naturzustand zutreffen und sich nicht durch den harten Determinismus revidieren lassen.

In der gesamten hervorgegangenen Diskussion wurde von der Prämisse ausgegangen, dass Hobbes Kompatibilismus zutrifft und nicht zu widerlegen ist. Jedoch gibt es gegen den Kompatibilismus an sich Einwände, auf die man seine Aufmerksamkeit noch einmal richten sollte. Ausschlaggebend für die Widerlegung jeglicher Freiheitsformen, die nicht deterministisch definiert sind, ist das Zufallsproblem. Hobbes Beschreibung der Freiheit im Handeln, nach der das Individuum aus verschiedenen Möglichkeiten, die ihm durch seinen Willen gegeben sind, wählen kann, führt zu dem Schluss, dass das Individuum unter identischen Bedingungen eine andere Wahl treffen könnte. Dadurch werden die Entscheidungen, die das Individuum trifft, zufällig und willkürlich und verlieren an jeglicher Bedeutung. Auch Gottes Allmächtigkeit, der ja nichtsdestotrotz als höhere Macht gilt, die alles vorherbestimmt hat, wird dadurch angegriffen und Hobbes kompatibilistisches Argument wird geschwächt. Allerdings kann diese Kritik nicht am Kompatibilismus haften bleiben, und bezieht sich eher auf den Interdeterminismus. Des Weiteren wird das freie Handeln nach Hobbes nicht als willkürlich definiert, sondern besteht unter der Bedingung, dass die Handlung aus dem Willen heraus und ungehindert von jeglichen Einschränkungen passiert. Willkürliche Handlungen, die auch anders sein könnten, würden von äußeren Einflüssen bestimmt werden und demnach nicht mehr frei sein. Somit wäre das Zufallsproblem, dass sich teilweise hartnäckig auf den Kompatibilismus stürzt, nicht ernst zu nehmen, da es fälschlicherweise gar nicht auf die kompatibilistische Definition eingeht und eher dem Interdeterminismus zuzuschreiben ist. Die Determinierung des Willens ist nicht nur von Gott gegeben, sondern psychologisch durch innere Ursachen, die sich auf Erfahrungen und Charakterzüge des Individuums beziehen, zurückzuführen. Ferner gibt es die Situation, dass der Wille eines Individuums durch Manipulation beeinflusst wird, und demnach keine Freiheit bestehen kann. Aber auch hier verteidigt Hobbes, dass die Ursache, aus der der Wille hervorkommt, nicht entscheidend für das Bestehen der Handlungsfreiheit ist.

Wenn das Individuum durch einen fremdgesteuerten Willen seine Handlungen ausführt, können diese immer noch als frei gelten, solange das Individuum sich nicht bewusst ist, dass sein Wille manipuliert ist. Demnach können wir als Menschen nicht frei sein. Freiheit würde, wie das Zufallsproblem schon ansetzt, voraussetzen, dass man auch anders wählen könnte, dies ist jedoch durch manifestierte Bedingtheiten wie Charakterzüge nicht möglich, da eine andere Entscheidung den eigenen Charakter grundlegend verändern würde. An dieser Stelle frage ich mich, ob es nicht möglich sein könnte, seinen eigenen Wünschen zu trotzen und sich anders zu verhalten, als man erwarten würde, gerade dadurch motiviert, die Existenz der Willensfreiheit zu befürworten. Zum Beispiel könnte sich jemand, der sich für seinen Musikgeschmack schämt gegen seinen Willen, seine Lieblingsmusik zu hören entscheiden und sich an seinem Umfeld anpassen. In erster Linie würde dies zeigen, dass derjenige seinen intrinsischen Wunsch, seinen Interessen nachzugehen, standhält, sich also seinem determinierten Willen gegenüberstellt und anders handelt, als vorherbestimmt war. Allerdings ist aus psychologischer Perspektive einzuwenden, dass es nicht um seinen Willen, seine Lieblingsmusik zu hören geht, sondern um seinen Willen, von seinem Umfeld akzeptiert zu werden. Demnach ist jeder Wille und jede Handlung immer von bestimmten Einflüssen markiert und die Annahme, man könne sich seinem Willen entgegensetzen zeugt von einer Illusion. Wenn ich experimentell versuche, jedem Willen, den ich habe, nicht nachzugehen, um zu beweisen, dass ich frei in meinem Willen und Handeln bin, dann würde jedoch mein Wille, diesen Beweis zu geben, meine Handlung bestimmen. Mein Wille, die Freiheit zu beweisen, ist aber nicht selbst gewählt, sondern durch meine Motivation, in dieser Diskussion rechtzuhaben, bestimmt. Demnach gibt es also durchaus keine Willensfreiheit beim Menschen. Sie ist immer vorherbestimmt durch verschiedene Ursachen. Was ich aus diesem Willen mache, liegt wie Hobbes besagt, mehr oder weniger in meiner Hand, jedoch nicht unbegrenzt, sondern in einem deterministischen Rahmen. So kann die moralische Verantwortung auch nicht bei mir liegen, aber ich muss mich trotzdem den Konsequenzen, die aus meinem Handeln entstehen, stellen. Hobbes Idee des Gesellschaftsvertrags ist somit eine notwendige Lösung, um das Handeln der Menschen da einzuschränken, wo es Elend und Leid erzeugt. Durch diesen Eingriff in die Freiheit ist immer noch ein Rahmen vorhanden, in dem ich mich als Individuum bewegen und handeln kann. Eine Instanz, nach der man sich orientieren kann, ist die bestmögliche Lösung, um dem Bösen entgegenzuwirken. Eliminieren lässt es ich dadurch nicht und die Frage nach der moralischen Verantwortung bleibt offen, jedoch nicht, wenn man dem Kompatibilismus rechtgibt und versteht, dass es in der Natur des Menschen liegt, böse Entscheidungen zu treffen, vor allem, wenn diese nicht eingeschränkt werden. Der Vorwurf, dass Hobbes dadurch ein pessimistisches

Menschenbild zeichnet, trifft nicht zu. Sein Menschenbild ist neutral anzusehen, denn der Mensch verfügt über Stärken und Schwächen und ferner würde ein ausschließlich positives Menschenbild, in dem der Mensch fast gottgleich gezeichnet wird, die Allmächtigkeit einer höheren Macht, von der unser Wille ausgeht, die gesamte Diskussion und philosophische Erkenntnisse nichtig machen.

4. Fazit

Abschließend möchte ich mich nun meiner vorangestellten These widmen: *Es besteht eine Freiheit beim Menschen.* Zugegeben hätte ich gerne die Existenz der Willensfreiheit betätigt, da ich mich aus persönlichem Interesse der Frage immer wieder zuwende, ob es nicht möglich sein kann, der Ursache seines Willens auf den Grund zu gehen und sich diesem durch seine eigene Stärke, beziehungsweise Willenskraft entgegenzusetzen. In meiner Diskussion hat sich jedoch herauskristallisiert, dass dies schlicht unmöglich ist, jedenfalls als irdisches, menschliches Lebewesen. Dass aber eine gewisse Freiheit besteht, habe ich bestätigen können. Diese Prämisse ist immer abhängig davon, in welchen Rahmen und unter welchen Bedingungen man die Freiheit verhandelt. Hobbes hat mich überzeugt, dass die Handlungsausführung in gewisser Weise frei ist und im Naturzustand sowie im Staat bestehen kann.

Literaturverzeichnis

Primärliteratur

Hobbes, Thomas: Leviathan. Hrsg. von Jacob Peter Mayer u. übers. v. Malte Diesselhorst. Stuttgart 1986.

Hobbes, Thomas; Bramhall, John: Hobbes's treatise of Liberty and Necessity. In: Hobbes and Bramhall on Liberty and Necessity. Hrsg. von Vere Chappell. Cambridge 1999, S. 15-42.

Sekundärliteratur

Keil, Geert: Willensfreiheit. Hrsg. von Dieter Birnbacher, Pirmin Stekeler-Weithofer u. Holm Tetens. Berlin/Boston ³2017.

Kersting, Wolfgang: Thomas Hobbes. Zur Einführung. Hamburg ⁵2016.

BEI GRIN MACHT SICH IHR WISSEN BEZAHLT

- Wir veröffentlichen Ihre Hausarbeit, Bachelor- und Masterarbeit

- Ihr eigenes eBook und Buch - weltweit in allen wichtigen Shops

- Verdienen Sie an jedem Verkauf

Jetzt bei www.GRIN.com hochladen und kostenlos publizieren